AF264216

DE LA MORALISATION

DU

SUFFRAGE UNIVERSEL

PAR LA

Réorganisation de la vie politique dans les hautes Classes

PAR

A. L. A. R.

Prix : 1 Franc

TOULON

TYPOGRAPHIE ET LITHOGRAPHIE MICHEL MASSONE
Boulevard de Strasbourg, 56.

1879

DE LA MORALISATION

DU

SUFFRAGE UNIVERSEL

PAR LA

Réorganisation de la vie politique dans les hautes Classes

PAR

A. L. A. R.

—

Prix : 1 Franc

—

TOULON

TYPOGRAPHIE ET LITHOGRAPHIE MICHEL MASSONE

Boulevard de Strasbourg, 56.

—

1879

Daignez lire et communiquer à vos honorables collègues la pétition ci-jointe.

Dans cette pétition, je vous propose de nouveaux moyens de former des politiques sages, de les montrer au suffrage universel, ou mieux de faciliter l'avènement des sages politiques en leur épargnant les pertes de temps et d'argent qu'ils sont obligés de faire pour se distinguer, pour arriver sur la scène politique ; en d'autres termes, je vous propose d'ouvrir à quiconque en sera moralement digne et le voudra, les portes de la renommée, sans qu'il lui soit besoin de se courber devant tel ou tel tribunal plus ou moins occulte et autorisé.

Jusqu'à ce jour personne n'a senti le besoin de la création que j'indique plus loin pour élever au-dessus de tous les hommes dignes du pouvoir et pour les y soutenir.

Personne, ceci se comprend :

Depuis 89, la France a été gâtée par la fortune. Que de génies, que de beaux caractères, que de talents ! Aussi avons-nous vécu en enfants prodigues, au jour le jour sans crainte du lendemain.

Je viens aujourd'hui pousser un cri d'alarme ; je viens vous dire qu'il ne faut plus compter avec les faveurs du destin ; que notre âge héroïque étant passé, les grands hommes ne pourront plus naître, se produire, s'élever au-dessus de nos têtes.

Les Mirabeau, les Camille Desmoulins chercheraient vainement leurs fougueuses inspirations, les Bailly ne pourraient montrer leur noble fermeté.

Les libéraux de 1815 soupireraient en vain après les efforts de la Restauration et de la contre-révolution pour exercer leurs talents.

Les de Broglie, les Guizot ne trouveraient plus la royauté leur raison d'être et leur point d'appui.

Nous voilà dans un monde nouveau. Comment allons-nous vivre ? Les maîtres du jour se sont élevés en attaquant ou en défendant l'idée républicaine. Comment va-t-on s'élever maintenant ? Pour quel motif le peuple votera-t-il ? Comment choisira-t-il entre des candidats égaux par l'obscurité.

Ces questions m'embarrassent.

Prendrons-nous pour guides les chantres des progrès nouveaux ? Nous ne pouvons aller plus loin dans le libéralisme sans toucher à la licence et à l'anarchie.

Cependant ne prévoyez-vous pas, ne sentez-vous pas la poussée des nouvelles ambitions ? Ne savez-vous pas qu'une certaine classe de citoyens rêvant d'un je ne sais quel âge d'or veulent réaliser leurs rêves.

Athènes et Rome ont vu leurs libertés et leur puissance mourir sous les coups de ces ambitions d'en bas. Tremblez, Monsieur, qu'en France le génie sans fortune, voyant un jour les places suprêmes mal occupées ne renouvelle les exploits des rhéteurs d'Athènes et des tribuns de Rome.

Lisez, Monsieur le Président, ma pétition à l'Assemblée nationale et vous verrez qu'en facilitant aux ambitieux de toutes les conditions l'accès du pouvoir, et en les obligeant à se servir des meilleurs procédés, elle écarte à tout jamais de notre pays les tourmentes populaires qui ont emporté toutes les républiques antiques et qui ont par trois fois sévi sur la France.

PÉTITION

A

L'ASSEMBLÉE NATIONALE

Messieurs les Députés, je vous prie d'organiser une société politique nouvelle et de décréter pour atteindre ce but les articles suivants :

ARTICLE Ier.

« Pour faire la lumière sur tous les politiques quels qu'ils
« soient, à quelque drapeau et condition qu'ils appartien-
« nent et faciliter leur avènement régulier et noble sur la
« scène publique, en permettant au peuple entier de voir
« longtemps à l'avance la vie et les discours de ceux qui
« d'ordinaire ambitionnent et peuvent ambitionner l'hon-
« neur de le représenter, il sera formé par chaque circons-
« cription électorale *une Académie politique*. »

ART. II.

« Tous les bacheliers, tous les commerçants et industriels
« payant 300 francs de patente, les grands propriétaires
« fonciers payant également 300 francs d'impôts pourront
« entrer dans cette Académie. »

Art. III.

« Tous les citoyens désignés en l'article II ci-dessus
« jouiront pour leurs discours dans l'enceinte de cette Aca-
« démie de l'immunité parlementaire. »

Art. IV.

« Les réunions de cette Académie seront au minimum de
« deux par année et devront concorder avec des jours de
« foires dans chaque circonscription rurale. »

Art. V.

« Ladite Académie sera présidée et dirigée comme nos
assemblées délibérantes. »

De la possibilité des Académies.

Cette proposition, Messieurs les Députés, peut vous étonner par sa nouveauté, cependant il est facile de vous en trouver des précédents et de vous en faire voir le côté praticable.

Avant 89, la France avait les réunions du corps de la noblesse par province où l'on cultivait avec soin les vertus qui ont donné tant de grands hommes à notre pays. Depuis, de 1815 à 1848, nous avons eu les réunions censitaires des classes dites dirigeantes.

Aujourd'hui même, autour de nous, dans des pays qui n'ont pas été aussi profondément troublés que le nôtre, nous trouvons encore quelque chose de semblable à ce que nous vous proposons.

En effet, la Prusse a les corporations des anciens propriétaires, et la Russie le corps de la noblesse divisée par province et présidée par des maréchaux.

Il n'est pas si difficile de créer nos Académies qu'il ne l'a été de créer les milliers de réunions plus ou moins publiques et politiques qui couvrent la France et tendent de près ou de loin à la gouverner sous les titres les plus divers.

Et ce ne serait pas si difficile parce que l'on n'imposerait à personne une obligation quelconque, un abandon si faible qu'il soit de son individualité, et que l'on ne créerait pas de rendez-vous trop nombreux.

Vous ne pouvez m'objecter qu'il serait impossible de s'entendre et de rester dignes dans ces réunions, à cause des questions politiques que l'on aborderait, car vous remarquerez ceci : que ceux que je convie à former telle ou telle

Académie habitent soit la même ville, soit des villes ou des bourgs voisins, qu'au bout de peu de temps étant membres d'une même Académie ils se connaîtraient ; qu'ils auraient été élevés en grande partie ensemble dans le même collége ; qu'ils seraient pris dans un monde supérieur ; qu'il se formerait bien vite parmi eux des lois de sévère décence que personne ne pourrait enfreindre ; qu'ainsi on discuterait forcément les questions à l'ordre du jour d'une façon académique.

Utilités de ces Académies.

§ I

POUR LES DÉPUTÉS.

Dans ces Académies, dans ces Champs de Mai des classes éclairées, vous pourriez utilement faire les discours, les déclarations et les récits politiques que vous portez un peu partout dans les comices, les assemblées privées, les maisons d'école, les journaux, les conseils généraux et à la table de vos amis.

Dans ces Académies, Messieurs, votre liberté serait plus complète que dans ces endroits que je viens de nommer. Rien n'y viendrait gêner *votre personnalité* qui s'étendrait et se dévoilerait dans la mesure de vos talents.

Là vous pourriez parler et vous montrer *tels que vous êtes.*

Quand vous auriez fini, *nulle obligation*, vous ne devez rien à personne.

Vous y trouveriez donc parmi vos pairs l'indépendance du citoyen Romain sur le Forum antique et du noble Polonais dans les Diètes d'autrefois.

Jouissez-vous de ces avantages aujourd'hui, ne devez-vous rien au journal, aux amis qui ont organisé un banquet une réunion politique pour vous donner la renommée et la puissance ! Et dans vos dires n'avez-vous pas été arrêtés par mille considérations pour le lieu dans lequel vous étiez et pour ces personnes qui vous écoutaient.

N'avez-vous rien dépensé en bonnes promesses ?

Dans ces Académies, où vous vous trouveriez en présence de coreligionnaires et d'adversaires politiques (comme ceci arrive dans certaines réunions électorales), en présence de vos égaux par l'intelligence et la fortune et non en face de vos inférieurs en mille manières (comme ceci existe presque toujours dans ces mêmes réunions électorales), en présence d'hommes qui sauraient votre vie, votre caractère, qui devineraient vos ambitions, adieu les discours de rhéteur, les phrases à effet, les basses flatteries des passions populaires, les récits tronqués.

Hommes de bien, hommes de bonne compagnie, là vous seriez chez vous, là vous pourriez parler votre langue, là vous n'auriez plus à craindre les cris redoutables du tribun. Connaissant les intérets de l'Etat, vous pourriez être entendus et goûtés quelle que fût votre éloquence pourvu que l'on vît en vous l'honnêteté et le savoir réunis.

§ II

POUR LES HOMMES NOUVEAUX.

Tous dans ces Académies ayant le droit de parler vous pourriez y trouver de grands et nobles contradicteurs et de dignes émules. C'est alors que l'on verrait d'année en année des hommes graves s'avancer progressivement sur la scène politique et dessiner leurs caractères en plein jour.

Grâce à cette création tout homme qui voudrait aborder la vie politique n'aurait plus besoin de dépenser des sommes plus ou moins importantes pour se créer un auditoire et pour courir après ses auditeurs et ses juges.

Périodiquement, il aurait un auditoire considérable par le nombre et la qualité de ses membres.

Insensiblement, il pourrait se faire connaître et estimer par tous les hommes de votre Assemblée. Enfin dans vos Assemblées, comme il est facile de le prévoir, il se formerait une classe spéciale de politiques qui feraient de l'art politique une étude attentive.

Ce résultat ne serait pas le moins utile, car ces politiques contribueraient puissamment au sage gouvernement de la France.

Aujourd'hui pour se faire un nom une personnalité aux yeux des électeurs, les amants de la vie publique se jettent dans le barreau, la magistrature, les administrations diverses, et quand leur esprit a perdu sa souplesse et sa vitalité ils se font sans transition hommes politiques.

C'est là le secret de bien des faiblesses gouvernementales, car l'art politique, l'art de bien gouverner ou de bien contrôler et bien critiquer le gouvernement, choses unes, demandent comme toute autre des études et des aptitudes spéciales.

§ III

POUR TOUS LES ÉLECTEURS.

Vous le voyez, ces Académies seraient comme de hautes tribunes, d'où chaque citoyen serait vu et entendu par nous, au moyen des journaux qui nous donneraient les comptes-rendus de vos séances.

Placés sur ce sommet nos hommes politiques pourraient nous montrer leurs vertus. Ils se serviraient les uns aux autres de criterium. Outre que nous saurions juger de nous-mêmes une grande partie de leurs discours nous profiterions des répliques qu'ils se feraient entre eux.

Ainsi, nos jugements s'appuyant sur les vôtres, il serait moins facile de nous tromper.

Telle n'est pas aujourd'hui la situation qui nous est faite.

Pour nous, habitants des hameaux, des villages et des bourgades, les candidats sont trop inconnus, leurs candidatures ont trop d'imprévu.

Nous travaillons ça et là dans nos champs, tout à coup un décret nous convoque, quelques affiches nous apportent des noms de candidats ; plusieurs journaux nous sont donnés ; dans ces journaux, on flatte ou dénigre les susdits candidats ; le grand jour vient et nous votons sur la foi d'autrui et sur la parole de gens sans autorité pour des citoyens que nous n'avons jamais vus avec qui nous n'aurons jamais de relations.

Grâce à la précipitation de vos candidatures, nos jugements électoraux sont naturellement incertains, et les faveurs populaires sont aussi inconstantes que celles de la fortune.

Il n'en serait pas de même si vos personnalités étaient mieux déterminées, si depuis longtemps elles étaient connues.

Notre bon sens, nos intérêts et notre bonne foi nous guideraient alors. Que faites-vous pour vous faire connaître? Rien.

Sauf une minorité de privilégiés par la nature ou la naissance que l'on voit venir de loin, avant les jours de luttes électorales, vous dissimulez tous vos candidatures, vous recherchez en secret vos amis, vous les consultez sur la grande affaire de votre ambition, et lorsque vous avez fait l'épreuve occulte de vos forces, le masque tombe, les journaux parlent et les électeurs commencent à faire l'apprentissage de vos personnes.

Dans le court espace de temps qui nous est donné, nous n'avons pas le moyen de vous connaître et de vous juger. Des bruits discrets circulent dans nos rangs, courent de porte en porte et décident nos volontés.

Ce sont des calomniateurs qui nous les envoient avec une adresse infernale (nous n'en savons rien), vous l'apprenez tard, vous n'avez pas le temps de saisir et terrasser tous leurs ignobles moyens électoraux, et voici que vous tombez ou que vous sortez amoindris d'une lutte où vous remportez la victoire.

Après les dernières élections générales, vos rapporteurs ont trop souvent constaté aux yeux de la France entière les terribles effets de la calomnie électorale et de l'aveuglement des masses.

Depuis le commencement de cette lettre, je parle de discours, mais tout ne serait pas donné aux orateurs dans vos Académies formant une société d'élite, partant restreinte, il vous serait facile de vous juger entre vous. Vos choix se porteraient sur tels ou tels de vos collègues dont le caractère et la science vous seraient connus, vous les éléveriez aux présidence et vice-présidence de vos assemblées.

Ces choix que vous feriez alors avec maturité sur des hommes qui auraient conquis lentement leur renommée, soyez certains qu'ils guideraient presque toujours nos suffrages.

Une dernière hypothèse.

Que ce serait-il passé aux élections d'octobre, si les collèges censitaires de 1830, qui ont perdu la puissance effective en 1848, ayant continué de se réunir platoniquement pour discuter des choses de l'Etat, avaient formé, depuis 30 ans avec les capacités, les Académies politiques que je réclame dans chaque circonscription électorale. Il se serait infailliblement passé ceci : que les gouvernements qui ont fait de la candidature officielle, que les comités électoraux qui se sont mis secrètement à notre tête sans mandat, au lieu de prendre ou de subir tel ou tel inconnu pour je ne sais quelle raison et après je ne sais quel examen n'auraient pu que s'incliner devant des personnalités toutes faites, bien caractérisées bien connues par nous.

Chaque parti aurait ses héros connus, ses chefs avoués, dans chaque arrondissement, comme il les a pour Paris, je veux dire pour la France entière.

Résumé.

Ainsi serait obtenu ce résultat tant recherché par les législateurs : tous les hommes d'un même pays, tous ceux de France, sans la création d'une caste spéciale, sans qu'un rang de la société eût un droit sur les autres, *auraient en partage la vie politique qui leur serait propre et pour laquelle la nature et l'éducation les auraient formés.*

Les intelligents et les puissants qui aujourd'hui *dirigent, intimident, exploitent dans l'ombre,* les faibles et les stupides auraient, dans vos Académies, le moyen de satisfaire publiquement à leur ambition et à leurs besoins.

Constitués en patriciat, inoffensifs parce qu'ils seraient sans armes contre le suffrage universel, réunis périodiquement comme les parlements de la noblesse et du clergé avant 89, pouvant presser l'opinion publique qui nous commande, *tous les hommes de la classe dirigeante* pourraient se montrer à nous et mériter notre confiance sans pouvoir employer de moyens ignobles et ruineux.

Enfin *réunis* et face à face avec leurs ambitions avouées et leurs rivaux, tous ces citoyens de conditions inégales, de partis et d'intérêts différents finiraient par s'imposer entre eux certaines lois de décence politique que séparés aujourd'hui ils oublient et foulent aux pieds.

Nous, électeurs, nous verrions nos candidats nous venir de loin, escortés par la renommée que leurs pairs et leurs émules leur auraient faite.

Les journaux qui nous trompent et qui souvent sont trompés eux-mêmes n'oseraient attaquer à la légère ces puissantes personnalités.

La basse calomnie s'enfuirait éperdue devant tant de netteté. La vie politique serait ennoblie et dégagée du cortége de ces passions démagogiques qui ont ruiné tous les états démocratiques.

La vertu et le talent auraient leurs armes pour les luttes du Forum.

Alors, il n'y aurait plus de danger que la France pût être surprise par des hommes venus de je ne sais où.

Le peuple aurait ses chefs avoués ; le suffrage universel, ses phares politiques ; la France, une société d'élite pour garder les traditions de son passé.

Enfin, pour se défendre des passions aveugles et imprudentes de ses amis et des haines habiles de ses ennemis, tout gouvernement trouverait son corps de patriciens indépendants, autorisés et éclairés.

www.ingramcontent.com/pod-product-compliance
Lightning Source LLC
Chambersburg PA
CBHW050721070726
47597CB00009B/3731